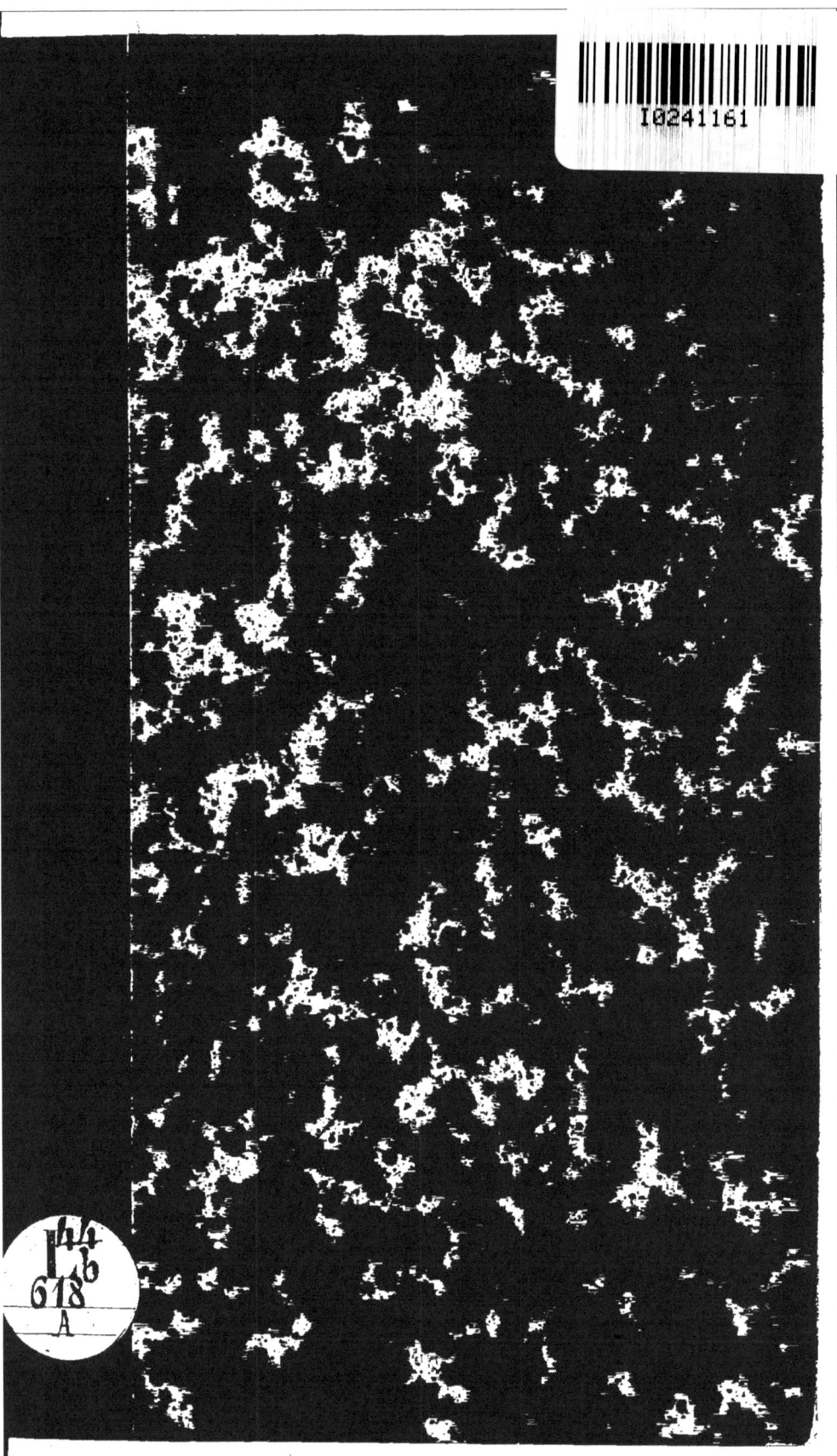

LE ROYALISME

PROUVÉ

PAR LES FAITS,

OU

EXPOSÉ AUTHENTIQUE

DES CAUSES ET DES RÉSULTATS

DE LA JOURNÉE DE BORDEAUX,

AU 12 MARS 1814.

LE ROYALISME

PROUVÉ PAR LES FAITS,

OU

EXPOSÉ AUTHENTIQUE

DES CAUSES ET DES RÉSULTATS

DE LA JOURNÉE DE BORDEAUX,

AU 12 MARS 1814.

Par M. J. S. ROLLAC, Négociant.

SECONDE ÉDITION.

PARIS,

De l'Imprimerie d'Abel LANOE, rue de la Harpe, n.° 78.

∿∿∿∿∿∿∿∿

MARS 1820.

Lettre écrite à M. ROLLAC, par ordre de S. A. R. Monseigneur, Duc d'Angoulême.

Aux Tuileries, le 14 avril 1820.

Le Secrétaire des Commandements de S. A. R. Monseigneur, Duc d'Angoulême,

A M. ROLLAC.

MONSIEUR,

Monseigneur, Duc d'Angoulême, a reçu votre lettre du 7 de ce mois, et la brochure qui y était jointe, dans laquelle vous retracez le mémorable événement de la journée du 12 mars 1814 époque glorieuse, où S. A. R. fut reçue à Bordeaux aux acclamations universelles, et y rétablit l'autorité légitime. *S. A. R. me donne l'ordre de vous exprimer qu'Elle a été sensible à l'hommage que vous lui avez fait, d'un exemplaire de votre inté-*

ressant ouvrage. Plus qu'aucun autre, Monsieur, *vous étiez appelé à présenter l'ensemble des faits antérieurs qui ont amené cette grande journée, si chère au cœur de S. A. R., et le plus beau titre que puissent présenter les annales de la fidélité.*

Je profite de cette occasion, pour vous renouveler, Monsieur, l'expression de la considération la plus distinguée, avec laquelle j'ai l'honneur d'être,

Votre très-humble et obéissant serviteur,

Signé le baron Giresse de la Beyrie.

INTRODUCTION.

La Providence se sert quelquefois des plus petits moyens pour opérer les plus grandes choses. Les événemens de Bordeaux, en 1814, et leur influence sur le succès de la restauration de la royauté en France, en fournissent un nouvel exemple. En général, on ne sait point par quels importans rapports la journée du 31 mars à Paris, se lie à celle du 12 à Bordeaux. On ignore encore aujourd'hui et les efforts et les noms des royalistes de la Guienne, qui préparèrent cette dernière, ainsi que la manière dont elle fut amenée.

Les puissances coalisées, dont les troupes occupaient déjà plusieurs de nos provinces, attendaient que la France fît connaître son véritable vœu sur sa future constitution politique (*). Si elle gardait le silence, on pouvait avoir la crainte que le congrès de Châtillon, alors en pleine activité, ne traitât avec l'usurpateur (**). La capitale, qui, dans ce cas, était menacée de ses plus horribles fureurs, n'osait prendre un parti; tout était encore incertain, lorsqu'un cri royaliste se fit entendre des bords de la Gironde aux bords de la Seine (***) ! l'élan de Bordeaux décida celui de Paris.

On crut alors et l'on croit encore, que ce noble mouvement n'avait été que l'inspiration du

---

(*) Tout le monde connaît la proclamation des Alliés en entrant en France, en 1814.

(**) Voyez plus bas, pages 54 et suivantes, l'extrait du discours de lord Liverpool, à la Chambre des Pairs d'Angleterre.

(***) On doit se rappeler la proclamation de l'Empereur de Russie et du prince Blucher, après la journée de Bordeaux. *Français*, y est-il dit, *imitez Bordeaux*, etc.

moment : c'est une grande erreur. Au premier aspect cette erreur augmente le mérite des Bordelais : en y réfléchissant, elle le diminue ; elle les expose à voir attribuer à la mobilité et à la vivacité d'idées propres à leur pays, une révolution qui fut vraiment le résultat d'une courageuse persévérance dans les mêmes sentimens, et dans le même plan de conduite politique. Les bases en avaient dès long-temps été jetées. Alors même que, sous les auspices de l'anarchie, sortait des murs de Bordeaux la députation conventionnelle qui, sous le nom de parti *girondin*, devait faire tant de mal au trône, cette ville disposait, comme *Joad*, dans le fond du sanctuaire de la fidélité, des vengeurs armés pour sa défense. La faulx révolutionnaire frappant sans distinction, sur les échafauds de 1793, les hommes honnêtes de tous les partis, avait rallié par leur sang, aux royalistes purs, cette foule de patriotes de 1789, à qui l'on n'avait à reprocher que de simples erreurs et point de crimes.

Sous l'influence de cette réunion des esprits, ramenés les uns vers les autres par un malheur commun, l'immense majorité des habitans de Bordeaux, formée dans les cinq sixièmes de sa population, des classes des négocians, des propriétaires, et de celle du peuple, resta ou redevint saine, et n'attendait qu'une impulsion positive, pour entrer activement dans les voies de la restauration.

Le signal parti d'une main royale, pouvait-il n'être pas entendu? L'Institut *philantropique* ou *régénérateur,* établi d'abord dans la ville, étendu ensuite à tout le département; six mille hommes dans Bordeaux; trente mille dans les départemens de la Gironde, des Landes et des deux Charentes, organisés et équipés à leurs frais; les efforts de ces mêmes hommes en 1803 et 1804, pour renverser Buonaparte; leur enthousiasme en 1814; les sacrifices qu'ils firent, ceux que, depuis, ils offrirent de faire : tels, dans la longue et douloureuse période de la révolution, se présentent les salutaires et importans résultats de cette coalition sainte, qui, en ouvrant enfin, en 1814, les portes de la Guienne au duc d'Angoulême, vient greffer de nouveau, pour toujours, la tige des lis sur le tronc indestructible de la fidélité française.

Heureux de compter ma part, dans les sacrifices qui préparèrent cette révolution restauratrice, et dans les succès qui la couronnèrent, je cède au besoin d'en retracer les événemens. L'avantage d'y avoir contribué me donne le droit de les décrire ; et c'est avec la confiance qu'inspire la vérité, que j'en offre le tableau à ma patrie, comme un monument de sa gloire, et, aux nations étrangères, comme un nouveau titre de la France royaliste à l'estime de l'Europe.

LE ROYALISME

PROUVÉ

PAR LES FAITS.

C'est une opinion assez généralement répandue à l'étranger, et dans la France même, que le mouvement royaliste de Bordeaux, en 1814, n'avait été précédé d'aucune combinaison pour le préparer et le déterminer. Peu savent que ce fut le roi lui-même et le prince-régent d'Angleterre, qui créèrent et calculèrent ensemble, dans leurs conseils respectifs, les moyens qui devaient amener et qui ont produit ce grand événement, dont l'histoire devra si soigneusement rechercher les causes.

Pour développer avec plus d'ordre et d'impartialité les faits qui se rattachent plus particulièrement à la journée du 12 MARS, je ne puis me dispenser de remonter jusqu'à l'origine des assemblées ou sociétés royalistes qui se sont formées à Bordeaux et *dans toute la France*, dès les premiers temps de la révolution ; puisque ce sont ces sociétés qui fournissent la preuve de la fidélité que la grande majorité des Français n'a cessé de conserver pour ses rois.

Dès l'année 1791, lorsque, dans le délire de la fièvre révolutionnaire, la faction qui devint régicide, se fut emparée de la personne sacrée de Louis XVI, il s'était formé, à Bordeaux, une conjuration en faveur du roi; elle avait pour but de s'opposer à toutes les entreprises du parti révolutionnaire.

La terreur dispersa ou fit périr un grand nombre des membres de cette association, sans pouvoir néanmoins en détruire le noyau.

En 1793, quand le crime proclamait l'arrêt de mort de tous les rois, l'élite de la jeunesse bordelaise, poussée par le souvenir du bonheur dont la patrie avait joui à l'ombre de l'autel et du trône, renouvela la conjuration royaliste, sous le nom de *Société de Belleville*. Elle fut d'abord présidée par le brave *Cornu*, mort victime de son généreux dévouement; ensuite, par M. *Ravez*, devenu, depuis, l'un des ornemens du barreau, et qui, honoré des suffrages de ses concitoyens et de l'estime du prince, remplit aujourd'hui les fonctions de président de la chambre des députés.

En combattant Marat et ses collègues, la ligue Bordelaise voulait détruire le mal dans sa source; mais Roberspierre, qui succéda à ce monstre, étendant par-tout son despotisme, paralysa, pour un temps, cet essor généreux. Bordeaux vit tomber, sous le fer des assassins, la tête de trois cents de ses citoyens les plus respectables. Les clubs Jacobins désolèrent la France, par leur dictature anarchique, et rendirent presque impossibles toutes sortes d'autres réunions.

De 1793 à 1794, les révolutionnaires, fatigués de leurs propres fureurs, laissèrent un peu respirer les Français fidèles. Ceux-ci, que la persécution attachait d'autant plus fortement à leurs principes, recommencèrent à se réunir au nom du roi. L'association se renoua, à Bordeaux, sous le nom de *Société du Gouvernement* (*). Le prétexte dont on convint, fut une souscription de musique, et les assemblées subsistèrent plus long-temps qu'elles n'avaient fait précédemment.

Vers ce temps, madame *la marquise de Donissan* (**) reçut une lettre d'un de nos princes. MONSIEUR, comte d'Artois, engageait cette femme courageuse à entreprendre la réunion de tous les Français fidèles, qui, animés d'un véritable patriotisme, brûlaient de le prouver en servant le roi.

(*) Du nom de l'hôtel qui lui servait de local.

(**) Mère de madame de Laroche-Jaquelein.

Le dévouement absolu de Mme de Donissan est si connu, qu'il est inutile de rendre compte ici de tous les soins qu'elle se donna pour répondre à la confiance du prince. L'invitation de S. A. R. fut pour elle un ordre de réussir, au péril de sa vie. La conduite de cette femme inimitable est tellement au-dessus de tout éloge, que le silence de l'admiration est le seul tribut d'hommage qui soit digne d'elle.

Mme de Donissan communiqua sa mission importante à MM. *Dudon*, père et fils. Elle découvrit alors que le but réel de la Société du Gouvernement était le même que le sien. M. *Dupont-Constant*, Américain de naissance, était à la tête de cette société, et présidait un conseil nombreux. Il était déjà lui-même commissaire secret du roi ; il avait des intelligences dans toutes les provinces. La société du gouvernement n'admettait personne que sur la présentation d'un ou deux de ses membres, et sur des preuves indubitables et constantes de fidélité au roi.

Mme la marquise et son conseil particulier, composé de MM. *Dudon*, père et fils, *Degnaud*, *Magnan*, *Papin*, et l'*abbé Jagault*, firent, par l'organe du brave et zélé M. *Queyriaux aîné*, des propositions à M. Dupont. Après plusieurs entrevues, on convint unanimement, que le comité particulier établi par Mme de Donissan, se fondrait dans l'Institut philantropique, dont Bordeaux formait un des centres partiels, composé de plusieurs provinces, correspondant avec l'agence générale placée auprès de S. M., et qui ne recevait des ordres immédiats que d'elle seule. D'après cette heureuse fusion des deux sociétés tendantes aux mêmes fins, M. Dupont-Constant, en sa qualité de commissaire du roi, sollicita et obtint de S. M. pour M. Papin, officier distingué, le grade de général en chef de l'armée royale qu'on se proposait d'organiser.

Cet institut royal eut un conseil intime et secret et un conseil général. La ville fut divisée en trois sections militaires, et en autant d'arrondissemens civils, présidés par des membres du conseil général, parmi lesquels MM. Letellier, Causse et Lestrade (ce dernier également attaché à l'organisation militaire), furent chargés de la direction administrative des premiers travaux et de la mesure délicate des initiations à travers lesquelles il fallait passer pour être admis dans les rangs de l'armée. On forma un état-major. M. Emmanuel Labarthe, aujourd'hui secrétaire honoraire du cabinet de S. M. et premier aide-de-camp du duc d'Aumont, en fut nommé chef, et M. Queyriaux ainé, secrétaire, en même-temps qu'il remplissait les fonctions d'aide-de-camp auprès du général Papin. On répandit en abondance des prospectus, des instructions, des écrits de tout genre, propres à réveiller l'opinion chez les indifférens, à la soutenir et à la faire entrer dans les élémens actifs du rétablissement du trône. Des ateliers furent établis pour fabriquer des armes et des cartouches, et l'on s'occupa des moyens d'obtenir des approvisionnemens et des munitions, afin d'opérer une organisation complète sous tous les rapports. (*)

M. *Marmajour*, alors commissaire adjoint, et depuis agent principal de M. *Taffard de Saint-Germain*, pour l'exécution de mon plan, dont le 12 mars 1814 a été le résultat, M. *Eyquem* et *moi* nous fûmes chargés de fournir et d'entretenir les ateliers, moi, de poudres, et ces deux messieurs, du reste. J'avais été un des premiers admis au noyau de l'institut, et je fus nommé du conseil de l'état-major. Ma maison devint le point de réunion pour la plupart des réceptions et prestations du serment de fidélité à S. M. Louis XVIII. Mes vastes magasins d'entrepôt et de commerce servaient aux revues des compagnies, dont chaque homme avait un nom de guerre et recevait le mot et le signe de reconnaissance dont nous étions convenus.

―――――

(*) Voir le supplément des mémoires de M.me de Laroche-Jaquelein.

A l'époque dont je parle, il était défendu en France d'acheter des poudres, à moins d'une permission des autorités républicaines. Personne n'osait se charger de cet approvisionnement ; moi seul j'en courus les risques. Obligé d'acheter ce dangereux article des personnes qui le tenaient du Gouvernement, je faisais porter les barils de poudre sur le port, comme pour les expédier au loin, afin d'éviter qu'on pût croire qu'ils entrassent dans mes magasins. Mais je les y faisais arriver ensuite, et j'en faisais passer écriture sur mes livres, comme barils de café ; j'ôtais par là toute espèce de soupçon à mes commis. Les poudres restaient donc déposées chez moi, et n'en sortaient que pour passer dans les mains de ceux qui faisaient les cartouches : je distribuais ces dernières au besoin, et à toute heure du jour. Je ne voyais rien que la cause sacrée.

L'organisation s'étendait, les approvisionnemens se multipliaient, les préparatifs de toute espèce se faisaient chaque jour ; déjà nous n'attendions plus que l'ordre d'agir à découvert, lorsqu'une ardeur impatiente fit commettre des indiscrétions. La police prit ombrage, observa nos mouvemens, et réussit à soulever un coin du voile, par des provocations calculées, auxquelles, malgré l'ordre des chefs, une jeunesse inexpérimentée et bouillante d'ardeur, n'eut pas la sagesse de ne pas répondre.

On en vint aux mains; plusieurs chefs furent arrêtés (*). Ce fut pour le moment, un accident bien fatal aux intérêts du roi, et à ceux de la patrie; car l'impéritie du Directoire, l'état de déchirement où était la France, rendaient le retour de l'autorité légitime, d'autant plus facile, qu'à cette époque il y avait dans les départemens de la Gironde et des Landes, des deux Charentes et de l'Arriége, trente mille hommes enrégimentés et armés.

Pendant cette stagnation apparente, on apprit

―――――――――

(*) Voyez *les mémoires de madame la marquise de Laroche-Jaquelein.*

en 1803 à Bordeaux, par MM. *Forestier* et de *Ceris*, arrivant d'Angleterre par l'Espagne, la coalition secrète de plusieurs puissances de l'Europe contre Buonaparte, dont l'ambition usurpatrice venait de se mettre à découvert, en sollicitant du Roi sa renonciation à la couronne de ses pères. Cette circonstance fut le signal de la reprise active de nos travaux.

M. Forestier, en repartant pour Madrid (qui était le point intermédiaire entre Londres et Bordeaux, comme Bordeaux l'était entre Madrid et la Vendée), et M. de Ceris, en allant dans la Vendée s'aboucher avec le général Duperat, lièrent nos nouvelles entreprises avec celles qu'ils savaient devoir être faites par les généraux *Pichegru*, *Georges Cadoudal* et les Vendéens.

La découverte d'un convoi de plomb, faite par un partisan de Buonaparte, qui se hâta d'en avertir son gouvernement, vint de nouveau rompre nos mesures, et compromettre la liberté et la vie des chefs. M. *Roger* (*), après 15 mois de détention au château de Hâ, à Bordeaux, fut traduit devant une commission militaire à Nantes. Le général *Saint Hubert* parvint à se sauver de la prison trois jours avant celui où il devait passer en jugement. Le général *Duperrat* fut condamné à deux ans de prison et y est resté *jusqu'à la restauration*. Le spartiate chevalier *Kérémar*, l'abbé *Jaguenaud*, *Duchesne* et *Chesnier* furent acquittés, après être restés onze mois en prison. MM. *Forestier*, *Papin*, *Céris*, *Pitar-Laclothe* furent condamnés à mort par contumace, et se sauvèrent en Espagne où je les suivis à travers mille dangers, et d'où je ne revins en France que lorsque le temps eut un peu assoupi la surveillance sur les suites de cette affaire.

Mes amis et moi nous n'eûmes guères d'occasions de prouver notre dévouement à la cause sainte, jusqu'en 1806. A cette époque, Ferdinand VII passa à Bordeaux. Nous fîmes une

---

(*) Aujourd'hui colonel de gendarmerie.

tentative pour le sauver. Ce que Mme de Laroche-Jaquelein en dit dans ses mémoires, me dispense d'entrer dans aucun détail sur un événement dont le mauvais succès et les suites m'imposèrent la dure nécessité d'une nouvelle expatriation.

Forcé de pourvoir à ma sûreté personnelle, je me rendis à Londres, nourrissant sans cesse, malgré tant d'échecs, le désir et l'espoir d'être un jour utile à mon roi et à ma patrie. J'en appercevais les moyens les plus essentiels, dans les ressources alors inactives, mais toujours subsistantes, de *l'Institut* royaliste, et les nombreuses ramifications qu'il comptait dans Bordeaux et dans la Gironde. Telle fut enfin, à cet égard, la force de conviction dont à la longue l'habitude d'y réfléchir avait armé mon esprit, qu'il me parut démontré que, pour ce succès, il ne me manquait que d'obtenir, pour mon plan, l'autorisation de S. M. Louis XVIII.

Je me procurai en conséquence des lettres de recommandation pour plusieurs seigneurs français. J'en avais de Mme la marquise de Donissan, pour son frère M. le duc de Lorges, et pour M. le comte Alphonse de Durfort. Je leur exposai : *que rien ne serait plus facile que le retour de nos princes au trône ; que la masse de la France était bonne, et que le roi finirait aisément la révolution, si* (avec le temps et suivant les circonstances) *on voulait mettre à profit les effets naturels de l'extravagance et de l'aveugle et tyrannique ambition de l'usurpateur ;* mais *que tout était subordonné à la condition indispensable d'être en bonne intelligence avec le gouvernement anglais, et de ne rien entreprendre sans être absolument sûr de son appui en cas de besoin.*

Par suite de cette communication, M. le comte de Durfort, me mit en rapport direct avec M. le duc Davaray, et le comte de Blacas. Je donnai à ce dernier les détails qui concernaient l'institut.

Je lui répondis des bonnes dispositions de ses membres; dispositions qui m'étaient parfaitement connues. En lui démontrant tout le parti qu'on en pouvait tirer, j'observai *qu'il était nécessaire de calmer les esprits inquiets et de fixer les incertitudes par des garanties*, parce que la plupart de ceux qui s'étaient dévoués à la cause du roi, ayant vu tout échouer jusqu'alors, craignaient, *ou de servir quelque faction, sans le savoir, ou de se trouver dupes des menées de l'usurpateur lui-même, et n'osaient plus, ne voulaient plus rien entreprendre, sans être positivement assurés que ce fût pour la maison de Bourbon.* J'ajoutai que *j'étais chargé de demander à Sa Majesté Louis XVIII, et au gouvernement anglais, la permission de faire venir à Londres une députation composée des personnes les plus considérables des diverses provinces de France, pour faire connaître à S. M. nos véritables ressources, et prendre ses ordres sur la manière de les employer à propos, lorsqu'on serait certain des dispositions franches du gouvernement britannique à seconder nos efforts.*

M. de Blacas ne tarda pas à m'annoncer que S. M. avait pris l'affaire dans la plus grande considération ; qu'en conséquence, il me donnait de la part du roi *carte blanche* pour voir les ministres de S. M. britannique, à la charge de rendre à S. Excellence un compte exact du résultat de mes démarches, afin d'y donner suite, s'il y avait lieu.

M. le comte de Durfort me présenta en conséquence au *très-honorable M. Arbuthnot*, sous-secrétaire d'état de la trésorerie, avec lequel il était en relation. Je lui donnai les mêmes développemens, les mêmes détails qu'à M. le comte de Blacas. J'insistai fortement sur ce point essentiel : *qu'il n'était, en aucune façon, question d'argent, mais seulement de l'assurance, qu'en temps opportun, nous serions secondés par le gouvernement anglais.* Je m'attachai à démontrer à M. Arbuthnot, que sans cette certitude, quelque général que fût le vœu de la France pour le retour de nos princes légitimes, la tyrannie de l'usurpateur était si violente, que personne n'oserait donner le signal d'un mouvement insurrectionnel.

M. Perceval, alors premier ministre d'Angleterre, à qui M. Arbuthnot communiqua mon projet, répondit : *qu'il considérait mes propositions comme de la plus haute importance; mais qu'il serait nécessaire, pour qu'il pût y donner suite, et les soumettre officiellement à son gouvernement, qu'elles fussent présentées par une autorité qui leur donnât à elles-mêmes un caractère officiel.*

C'est vers ce but que je dirigeai mes nouvelles démarches, tant auprès de M. de Blacas, que de M. le duc de la Châtre, ministre du Roi, près la cour de Londres ; (voyez pag. 87 et suivantes, les lettres des 15 août, 3 septembre 1810 et 28 juillet 1813.)

S. M. Georges III étant tombée dangereusement malade, tout fut suspendu pendant six mois; lorsqu'enfin, dans une visite que je fis à M. Arbuthnot, ce ministre me dit : *il est très-probable que la France ne tardera pas à avoir la guerre avec la Russie : si elle a lieu, le gouvernement britannique vous secondera de tous ses moyens, quand il en sera temps.*

Je me hâtai de faire part à M. le comte de La Châtre, de cette communication et des espérances qu'elle me faisait naître. D'après un nouveau mémoire détaillé que je lui soumis (au mois de décembre 1812), S. Exc. m'annonça qu'il fallait me préparer à partir pour Bordeaux, m'offrant de me donner tout l'argent, de me munir de tous les pouvoirs nécessaires, pour établir, de concert avec mes amis, une organisation nouvelle. Elle m'apprit en même temps que S. A. R. le prince régent d'Angleterre et son conseil, avaient complétement embrassé les intérêts du roi; et qu'ils étaient entièrement disposés à seconder les efforts des vrais Français pour le retour de leur souverain légitime; enfin Son Exc. m'assura que c'était le moment d'ouvrir les communications avec Bordeaux, et de mettre sans délai mon plan à exécution.

Ma délicatesse m'imposa le devoir de représenter à M. le comte de La Châtre qu'il m'était impossible de rentrer en France sans courir le risque d'être découvert, arrêté, et de voir ainsi sacrifiées en pure perte les sommes qui pourraient m'être confiées.

Mon observation fut justement appréciée, et je m'occupai, sur les instances de M. le Comte, du choix de la personne qui pourrait me remplacer. Je jetai les yeux sur M. Julien Péfaut de Latour, royaliste à toute épreuve, qui fixa lui-même les frais de son voyage à la modeste somme de trois cents livres sterling, *seule et unique dépense qu'aient occasionnée à S. M. Louis XVIII et au gouvernement anglais, les longs préparatifs* depuis 1810, jusqu'au 12 mars 1814, tant de ma part que de celle de mes nombreux amis, *et le brillant succès de la coalition Bordelaise, qui rouvrit les portes de la France aux* BOURBONS.

J'avais déjà désigné aux ministres de Sa Majesté Louis XVIII, pour la conduite des affaires à Bordeaux, M. *Taffard de Saint-Germain*, dont j'avais eu, depuis vingt ans, tant d'occasions d'apprécier les principes, le caractère, et le dévoûment absolu pour la famille royale.

J'avais également désigné, pour s'entendre avec M. Taffard, et combiner ensemble les mouvemens de l'ouest avec ceux de Bordeaux, M. *le marquis de Laroche-Jaquelein*, auquel il était important de donner le commandement de la Vendée.

Enfin j'avais proposé, comme les personnes les plus propres à seconder M. Taffard dans toutes ses opérations, MM. *Louis de Cléran, Queyriaux aîné, Roger* et *Marmajour*, etc., etc.

Il était nécessaire d'avoir, pour notre correspondance, un langage de convention qui ne fût entendu que de nous, et qui ne donnât aucun soupçon, dans le cas où nos lettres tomberaient en des mains ennemies. Je confiai donc à la mémoire de M. de la Tour des mots qu'il devait communiquer à M. Taffard de Saint-Germain, pour la clef de notre correspondance.

Dans mes instructions, j'avais essentiellement recommandé à M. de la Tour de faire sentir à M. Taffard combien il était nécessaire, dès que les circonstances le permettraient, d'envoyer des députés au lord Wellington, et de mettre à leur tête M. le Marquis de Laroche-Jaquelin. J'avais aussi chargé M. de la Tour d'annoncer à mes amis que j'allais leur faire passer un signe de ralliement : c'était un ruban vert, symbole de l'espérance, et que j'avais la ferme confiance d'obtenir de S. A. R. MADAME, duchesse d'Angoulême. J'avais pensé (et la suite a prouvé que ce n'était pas sans raison) qu'un ruban donné par une princesse, fille de tant de rois ! et l'honneur de son sexe, ne manquerait pas de parler éloquemment à des cœurs français, et de les électriser. (*)

(*) L'autorisation de porter cette décoration, sous le nom de *Brassard*, a été donnée depuis, officiellement, par Sa Majesté. (*Voy. l'adresse, pag.* 89.)

Ce fut le 12 mars 1813 que je donnai à M. de la Tour ses dépêches pour M. Taffard de Saint-Germain (l'époque est remarquable et frappante); sa mission devait durer un an, et ce fut précisément le jour où elle devait finir qui éclaira le mémorable mouvement de Bordeaux.

Enfin, M. de la Tour était porteur de deux lettres de moi, l'une de simple recommandation pour M. Taffard de Saint-Germain; l'autre était la dépêche diplomatique, écrite de ma main en style de commerce, mais signée (pour le Roi) Henri et Cie, par M. le comte de la Châtre. Voici la copie de cette dépêche, dont la clef ci-dessus donnera l'intelligence.

(28 *bis.*)

M. Taffard de St.-Germain, à Bordeaux.

« Monsieur,

La manière avantageuse dont M. Rollac nous a parlé de vous en différentes occasions, nous engage à vous donner la préférence pour les articles de vos quartiers dont nous avons besoin. En conséquence, Monsieur, nous vous prions de nous faire passer les prix des vins et eaux-de-vie, et de nous donner avis des variations de ces liquides. M. de la Tour, notre voyageur, et porteur de la présente, vous dira de vive voix les qualités de celles qui nous conviennent. Veuillez vous entendre avec lui pour nous avoir ce qu'il y a de mieux. Si les prix et qualités de ces esprits nous conviennent, nous vous ferons passer les ordres et les fonds nécessaires pour nos achats.

Nous avons l'honneur de vous saluer,

Signé (pour le Roi,
Par M. le comte de la Châtre),
Henri et C$_{ie}$.

Londres, 12 mars 1813.

(28 *ter.*)

En même temps que M. de la Tour se rendait auprès de M. Taffard de Saint-Germain, celui-ci, par une sorte d'instinct réciproque de zèle et de fidélité (puisqu'il ne connaissait encore rien de mes plans), m'adressait à Londres le jeune Georges Bontems du Barri, que je présentai à M. le duc de La Châtre, et chez qui je ne tardai pas à découvrir les talens et le zèle, qui, plus tard, dans le cours de nos opérations, lui conquirent la haute estime du duc de Wellington et du lord d'Alhousie (*).

Pendant que nous marchions chaque jour vers notre but, par la concordance de nos communications et de nos soins, S. M. Louis XVIII, désirant d'en connaître le résultat, ainsi que la véritable consistance de nos moyens, chargea M. le comte de Blacas, d'accréditer auprès de l'agence de Bordeaux M. le chevalier de Perrin, auquel, sur la demande de S. Exc., je donnai une lettre de recommandation pour M. Taffard,

―――――――――――――

(*) Voyez l'attestation du Lord d'Alhousie.

et qui partit muni d'un billet autographe du Roi, ainsi conçu : « Il tarde au meilleur des pères » de se trouver au milieu de ses enfans. »

Tout étant ainsi arrangé, l'envoyé partit. Arrivé à Bordeaux, il remit à M. Taffard le ruban vert, avec ma lettre de recommandation et une lettre particulière de M. de Blacas.

Au mois de juillet 1813, arriva à Londres sir Nicolas *Trant*, général anglais, au service du Portugal. Il venait de faire la guerre en Espagne sous les ordres de lord Béresford, dont il avait un congé d'absence. M. le comte de Durfort m'avait souvent parlé du général Trant avant qu'il arrivât. Je savais que c'était un officier d'un vrai mérite, et grand partisan de la maison de Bourbon ; il avait même obtenu du roi la croix de St.-Louis, qui lui avait été envoyée en Portugal, par le comte de Durfort. A son arrivée à Londres, il alla voir M. le comte, et lui dit que lord Wellington était dans l'intention de pénétrer en France au premier jour.

Le comte de Durfort l'informa à son tour, qu'il

était assuré que Bordeaux attendait avec impatience la présence de l'armée anglaise. Le général désira une explication, la chose paraissant de la plus haute importance pour les deux nations : l'explication eut lieu deux jours après. Sans nommer aucun des agens que sa majesté daignait employer à ma recommandation, je rapportai en masse au général tout ce qui se passait à Bordeaux dans les intérêts du roi et le désir de voir arriver l'armée anglaise *avec un prince français*, dont la présence opérerait un mouvement royaliste et décisif dans cette partie de la France. Je le priai instamment, puisqu'il devait repartir bientôt, de ne pas manquer à son arrivée en Espagne de faire connaître au lord Wellington les bonnes dispositions des habitans de Bordeaux, en faveur de nos Souverains légitimes.

Le général m'en donna sa parole : il reconnut que la chose pouvait avoir les résultats les plus heureux pour la France et pour l'Angleterre, et même fixer les destinées de l'Europe. « Il n'y a » point de doute, lui dis-je; mais si l'intention

» du général en chef de l'armée anglaise est de
» pénétrer en France *sans un prince français*,
» soyez certain que les Bordelais verront en vous
» des ennemis du roi et de la France, et vous
» opposerout, dans ce cas, une ferme résistan-
» ce ; *car ils sont Français, et ne savent point
» séparer dans leurs sentimens le roi et la pa-
» trie.* C'est, me répondit le général, l'opinion
» que j'ai des braves de votre nation ; et moi
» aussi, ajouta-t-il, j'aime la famille des Bour-
» bons!.... Croyez-vous, qu'il y ait dans les en-
» virons de Bordeaux beaucoup de monde prêt
» à se lever en faveur de votre roi ? — Oui : un
» Bourbon à Bordeaux, et toute la France
» criera *vive le roi !* »

Le général applaudit à toutes mes observations, me promit d'agir en conséquence auprès de lord Wellington, et il le fit : il m'en a donné la preuve lorsque je l'ai revu (*).

(*) Voyez l'attestation du général Frant. *Pièces justificatives*, page 75.

M. de Perrin resta long-temps sans donner de ses nouvelles ; on était même inquiet sur son compte. Voyant que la correspondance était difficile et n'aboutissait à rien, je dis à M. le comte de La Châtre, que dans l'état des choses, il était de la plus haute importance de faire venir de Bordeaux un ou deux des nôtres, pour soumettre à Sa Majesté un plan d'opérations qui, concerté avec le gouvernement britannique, serait transmis au duc de Wellington, afin que l'on pût agir de concert avec lui, dès que le général mettrait le pied sur les frontières de France. « Les circonstances deviennent pressantes et les momens précieux, » lui dis-je avec toute la force de la conviction.

Ce fut aussi l'opinion de M. de La Châtre, et il m'engagea à soumettre mes idées à M. le comte de Blacas qui était alors à Hartwell, tandis qu'il lui écrirait de son côté.

J'adressai sur le champ un projet de lettre pour

M. Taffard, à M. de Blacas, que celui-ci ne tarda pas à me renvoyer avec une réponse approbative, d'après laquelle je fis partir ma dépêche. (*)

Le premier décembre 1814, M. le comte de La Châtre me prévint que M. de Blacas serait le lendemain à Londres, et qu'il désirait me voir. Je m'y rendis : Son Exc. me demanda si M. de la Tour était arrivé, ou si j'avais des données pour croire qu'il arrivât bientôt. « Le tems
» est venu, me dit-il, où nous avons besoin
» des renseignemens que vous avez demandés,
» *afin de faire connaître au gouvernement*
» *anglais nos véritables ressources à Bor-*
» *deaux; ils lui sont nécessaires, pour qu'il*
» *puisse envoyer au duc de Wellington des*
» *instructions et même des ordres précis à*
» *cet égard.* M. de la Tour n'est point encore
» de retour, répondis-je à Son Exc.; mais

___

(*) Voir la lettre de M. de Blacas, du 28 juillet 1813, page 88.

» je suis de nouveau positivement assuré que nos
» amis fidèles, les royalistes de Bordeaux, ne
» feront aucun mouvement, sans la présence
» d'un de nos princes à l'armée du général an-
» glais. Vous avez eu communication de toute
» ma correspondance, et vous y avez vu qu'on
» ne cesse d'en faire la demande. Le roi, me
» répliqua alors M. de Blacas, s'en occupe sé-
» rieusement en ce moment ; et c'est pourquoi
» il est si important de faire connaître au duc de
» Wellington toute l'étendue de nos moyens
» dans cette partie de la France, afin que le gé-
» néral sache comment il pourra seconder le
» mouvement qui aura lieu, lorsque Bordeaux
» apprendra l'arrivée d'un prince sur le territoire
» français. »

Quelques jours après, M. de Perrin reparut enfin à Londres. Il assura M. de Blacas, qu'il était impossible que les intérêts du roi fussent *en de meilleures mains qu'en celles de M. Taffard.*

Il annonça aux ministres de Sa Majesté et à moi, qu'il n'avait pu se charger lui-même du mémoire que nous attendions, parce qu'étant émigré, il pouvait être soupçonné, observé et arrêté ; mais que nous devions espérer de voir arriver, quelques jours après, M. de la Tour avec ce précieux mémoire, qui devait déterminer le plan définitif que S. M. adopterait pour l'exécution de nos mesures.

Divers obstacles retardaient M. de la Tour. De son côté M. Bontems, enchaîné quelque temps à Paris, par la défense que venait de faire Buonaparte de délivrer des passeports, pour Londres éprouva des retards qui le jetèrent dans de terribles perplexités. Son désespoir fut grand, mais il fut de courte durée. Au chagrin de ce contre-temps, succéda bientôt pour lui la joie d'apprendre l'arrivée de Monseigneur le duc d'Angoulême sur le territoire français, par la voie de l'Espagne. Il quitta brusquement Paris, et revint en toute hâte à Bordeaux, où sa présence et ses services devenaient de la plus haute importance.

En effet, le retour à Londres de M. Perrin, son rapport sur l'organisation militaire et secrète, que M. Taffard avait faite pour Bordeaux et ses environs, la demande pressante et constamment répétée d'un prince français, la marche et les succès de lord Wellington, déjà maître des Pyrénées, tout avait déterminé le roi à ne pas attendre plus long-temps à donner des ordres pour faire passer son Altesse Royale Monseigneur le Duc d'Angoulême à l'armée anglaise. La présence, si long-temps désirée, de ce prince, devait prouver à toute la France l'harmonie qui existait entre son Roi et le gouvernement anglais, alors armé seulement contre la puissance de l'usurpateur.

Dans mes dernières conférences avec M. le comte de Blacas, lorsque j'insistais fortement sur l'envoi d'un prince de la famille royale, dans les environs de Bordeaux, son Exc. m'avait annoncé que le roi pensait sérieusement à y faire passer Monseigneur le duc d'Angoulême.

Je fis connaître à M. le comte de La Châtre, en même temps qu'à M. de Blacas, mon désir de suivre Monseigneur le duc d'Angoulême. Je désirais ardemment l'honneur et le bonheur d'achever mon ouvrage sous les yeux de Son Altesse Royale; j'avais d'ailleurs senti et représenté que ma présence deviendrait nécessaire pour ouvrir avec tous nos agens et tous nos amis des communications plus promptes, et pour opérer plus vivement aussi les changemens qui pourraient devenir nécessaires dans l'exécution des plans.

M. de Blacas m'avait répondu que cela était juste, et qu'il me ferait avertir lorsqu'il en serait temps; mais M. de La Châtre me fit observer, de son côté que plusieurs raisons de prudence exigeaient que je restasse à Londres jusqu'à nouvel ordre, que j'y étais d'ailleurs d'une nécessité indispensable, tant pour la suite de nos rapports avec les ministres anglais, que pour maintenir notre correspondance d'une manière sûre.—Obéir et me taire était mon devoir : je me tus et je restai à Londres. . . . . .

Enfin, S. A. R. Monseigneur le duc d'Angoulême partit de Londres pour la France le 12 janvier 1814. J'en donnai de suite avis à M. Taffard de Saint-Germain dans une lettre, que je remis décachetée, par une occasion sûre pour le Hâvre : elle y arriva en six jours, S. A. R. en mit dix pour arriver au Passage.

Les événemens se pressaient alors avec une rapidité et, en même temps, avec une solennité désespérante pour les partisans de l'usurpateur et encourageante pour nous. D'un côté, le congrès de Châtillon continuait ses conférences; les puissances coalisées, avancées dans l'Est de la France, pouvaient, d'un moment à l'autre, signer avec l'usurpateur ou avec son fils, au nom de la régence, une paix qui eût détruit, pour quelque temps du moins, nos espérances, et ne nous eût laissé que l'affreuse ressource de la guerre civile. D'un autre côté, le duc de Wellington marchait, dans le Midi, de victoire en victoire. Cependant, quelque favorables que fussent pour nous ses dispositions et celles de son gouvernement, si les puissances continentales du Nord signaient la paix, l'Angleterre, comme puissance coalisée, ne pouvait refuser son assentiment, sans nuire à son propre intérêt (*). Dès-lors, nous nous trouvions abandonnés au moment où le succès semblait prêt à couronner nos longs travaux ; il fallait donc se hâter de porter un coup décisif.

(*) Voyez l'extrait du discours du lord Liverpool, page 54 et suivantes.

M. *Taffard de Saint-Germain*, qui était sur les lieux, sentit toute l'importance de ce moment délicat ; la crise approchait, il fallait la diriger et en profiter ; il fallait se hâter de donner le signal d'un mouvement général qui pût changer subitement la face de la France entière. M. *Taffard* assembla donc à Bordeaux un conseil de quelques hommes respectables avec lesquels il s'était mis depuis quelque temps en rapport. Il leur exposa ses projets et l'instante nécessité de faire proclamer le Roi dans cette ville, dont le noble exemple entraînerait naturellement le reste du royaume. Le conseil délibéra pendant plusieurs heures sans rien arrêter. M. *Taffard*, mécontent de n'avoir point obtenu le résultat qu'il attendait, prit sur lui d'envoyer, sans en instruire personne, M *Bontems* auprès de Son Altesse Royale, avec une lettre et quelques instructions verbales. M. *le marquis de Laroche-Jaquelein* était déjà parti par mer le 19 février, avec

M. *Queyriaux jeune*, qui avait absolument voulu le suivre. Ils avaient joint le prince à Saint-Jean de Luz. M. *Bontems* partit le 2 mars, et traversa courageusement à cheval tous les postes français, notamment la division du général d'Haricault, alors en retraite de Dax, et marchant sur Agen par Langon. Enfin, il arriva à Saint-Sever, près de Son Altesse Royale, et lui remit ses dépêches. Le prince le chargea de voir Son Exc. le duc de Wellington. Dès la première entrevue, M. Bontems, après avoir fait part au général des dispositions de Bordeaux, lui demanda instamment de faire avancer une partie de ses troupes jusqu'à la capitale de la Guienne, pour y assurer l'arrivée de Son Altesse Royale, en balayant sa route des divers petits corps qui pourraient encore tenir pour l'usurpateur, et embarrasser son passage. Il représenta vivement à Son Excellence que la présence du prince à Bordeaux était indispensable; que les royalistes qui, depuis le commencement de la révolution, avaient vu tomber victimes de leur dévouement tous ceux qui s'étaient mis en avant, ne se leveraient plus que lorsqu'ils seraient positivement assurés que l'instant qui suivrait leur élan, verrait à leur tête un prince du sang de leurs souverains légitimes ; qu'autrement il n'y aurait aucun mouvement.

Le général Wellington ignorait alors où en était le congrès. Si on signait la paix avec Buonaparte ou la régence, il se voyait forcé à faire retirer son armée, par conséquent à abandonner toute une grande ville et les provinces qui pourraient suivre son exemple. Retenu par cette crainte généreuse et par un sentiment d'humanité qu'on ne saurait trop louer, il résista aux instances de M. Bontems, comme il avait déjà résisté à celles de M. le marquis de Laroche-Jaquelein. M. Bontems rendit compte sans retard à Son Altesse Royale des obstacles qu'il éprou-

vait. Néanmoins il ne se rebuta point; il revint à la charge auprès du duc de Wellington. Dans plusieurs conférences, qui se succédèrent rapidement, il peignit avec tant de chaleur, tant de force, l'ardent désir, le besoin pressant qu'éprouvaient tous les royalistes de la Guienne de saisir, à tout risque, un moment aussi décisif, que le duc fut enfin ébranlé, et demanda une heure pour prendre un parti. Au bout de ce temps, M. Bontems retourna chez le duc, près duquel il trouva *le maréchal lord de Béresford*. « Eh bien, monsieur, lui dit le duc après
» les civilités d'usage, vous pouvez annoncer à
» S. A. R. que le maréchal de Béresford partira
» demain matin pour Bordeaux, à la tête de
» seize cents hommes. » C'était le 6 mars que lord Wellington donnait cette parole consolante, et les troupes partirent le 7. M. Bontems courut rendre compte à Son Altesse Royale du succès de sa négociation. Monseigneur le duc d'An-

goulême lui conféra au moment même le grade de chef d'escadron, que M. Taffard avait demandé pour lui, et le fit repartir de suite avec une dépêche pour le commissaire du roi; elle commençait ainsi :

« M. Taffard de Saint-Germain, j'ai reçu » votre lettre, et j'ai écouté avec beaucoup d'in- » térêt celui qui en était le porteur. Il vous » rendra compte des entrevues qu'il a eues avec » moi et lord Wellington, etc. »

Après avoir tracé la marche à suivre; après avoir donné des ordres et des instructions, le prince terminait par recommander, *sur toutes choses, d'épargner le sang, dans le cas où une lutte serait inévitable.*

M. Bontems se rendit de suite à Bordeaux, non sans danger, puisqu'il eut à traverser de nouveau le même pays encore couvert des troupes de l'usurpateur. Il rendit compte à M. Taffard, et au conseil qu'il présidait, de l'heureuse issue de sa mission, et de l'approche du prince français avec une escorte d'alliés anglais. On ne pouvait plus hésiter ni reculer ; il fallait tout préparer pour assurer le succès de la journée décisive.

Pour éloigner toute crainte d'opposition qui eût pu nécessiter des mesures vigoureuses ; pour éviter tout conflit d'autorité qui eût pu causer quelque fâcheuse commotion, M. Taffard de Saint-Germain, depuis un mois environ, s'était assuré de M. *Both de Tauzia,* adjoint du maire, *afin de paralyser ce dernier, dans le cas où ses dispositions nous eussent été contraires au moment d'agir*; et M. Tauzia, qui fut ensuite un des députés de Bordeaux, envoyés à Londres près du roi, était depuis un mois dans la confidence. M. Taffard et lui y avaient mis ensuite M. *de Mondenard*, lieutenant de vaisseau et secrétaire-général de la mairie. *Le 27 février,* M. Taffard se décida à sonder le maire lui-même et lui fit remettre une lettre par M. de Mondenard. *Le soir même, M. Taffard et M. Lynch eurent leur première entrevue.* Le commissaire du roi trouva le maire dans de bonnes dispositions.

Tout était donc calme et le secret bien gardé. Le 11 mars, M. Taffard donna par écrit les ordres à tous les capitaines. Les compagnies eurent ordre de se munir, en outre de leur armes, d'une ample provision de cocardes blanches, et qui ne devaient paraître qu'au moment où le Roi serait proclamé. Un drapeau blanc fut préparé pour être arboré sur la tour de l'église de Saint-Michel, à un signal convenu, et au moment de l'arrivée du maréchal Béresford.

Enfin le soleil vint embellir à Bordeaux le premier jour de bonheur qui eût lui pour la France depuis vingt-cinq ans : il éclaira LE 12 MARS 1814! Dès le matin, le bruit de l'approche des troupes anglaises est répandu dans la ville. M. le marquis de Laroche-Jaquelein et M. Bontems du Barry sont déja partis au-devant de Son Altesse Royale. Une ordonnance vient annoncer au colonel Roger (alors capitaine de la première compagnie de la Garde Royale à cheval) que le maréchal Béresford s'avance vers la ville. Le colonel Roger se rend à la mairie avec un détachement de cavalerie, pour prévenir M. le maire et le précéder dans sa marche. Vers les dix heures, M. le maire et ses adjoints, M. le commissaire du Roi et MM. les membres du Conseil royal, accompagnés d'une partie de la troupe fidèle, partent de la mairie pour se rendre hors des portes de la ville. Toutes les compagnies du corps royal à pied sont distribuées sur la route, de manière à n'être point observées, mais à pouvoir obéir au premier signal. Bientôt le cortége arrive; un coup de canon se fait entendre; l'étendard des Bourbons, le vrai drapeau français se déploie; il flotte dans les airs sur la tour la plus élevée de la ville ; et c'est en le montrant de la main au maréchal Béresford, que M. le maire s'avance vers le général anglais, et le salue à peu près en ces termes :

« Général, vous voyez que cette ville, où

» vous allez entrer, n'est point une ville enne-
» mie et conquise ; l'auguste prince du sang de
» nos souverains, au-devant de qui nos cœurs
» volent, et qu'en ce moment vous précédez,
» nous est un sûr garant que vous n'oublierez
» pas que c'est dans une ville de Sa Majesté
» notre Roi et l'allié du vôtre, que nous avons
» l'honneur de recevoir Votre Excellence. »
M. le maire termine son discours par le cri de
Vive le Roi !

L'éclair n'est pas plus prompt que l'effet de ce cri, qui annonce aux Bordelais le retour du bonheur pour toute la France. La masse des habitans de Bordeaux, qui, quoique royaliste, n'était point dans le secret, reconnaît tout-à-coup des alliés dans ceux qu'un moment auparavant elle considérait comme ennemis. Les couleurs de l'usurpateur ont disparu ; et la cocarde blanche, passant rapidement des mains de la Garde Royale, stationnée à cet effet, dans celles du public, ce signe sacré du royalisme est bientôt en évidence sur tous les cœurs, parce que tous les cœurs en ont le sentiment!... Comme l'écho répond à la voix qui le frappe, de même un cri général de *vive le Roi! vive Monseigneur le Duc d'Angoulême! vive Madame! vivent les Bourbons!* répond au cri de M. le maire, et fait long-tems retentir les airs. Avec la même rapidité de la pensée, l'enthousiasme se communique d'une extrémité de la ville à l'autre; chaque maison, chaque fenêtre se décore du drapeau blanc. Ivres de joie, Français, Anglais, (*) Portugais, tous se mêlent, tous se confondent, tout offre l'image d'un bonheur d'autant plus vif qu'il fut plus long-temps attendu, et que, même l'instant d'avant, il était généralement moins espéré.

À peine lord Béresford eût-il été conduit à la mairie, que le duc de Guiche s'y présente, annon-

---

(*) La troupe du maréchal Béresford était composée d'Anglais et de Portugais.

çant l'arrivée prochaine de Monseigneur le Duc d'Angoulême. A cette nouvelle, le délire redouble, l'ivresse n'a plus de frein; d'un seul et même mouvement, toute la ville se précipite sur la route de Toulouse; chacun vole vers son prince, chacun veut tomber à ses pieds le premier, chacun veut baiser, toucher, avant les autres, une main qui rappelle sur la France la bénédiction du ciel; et, au milieu de cet empressement de la fidélité, aucun accident ne vient troubler l'allégresse...... Enfin, le Prince paraît ! Il entre dans Bordeaux; Bordeaux possède un Bourbon ! l'espérance est rendue à toute la grande famille : bientôt elle va posséder le monarque légitime que ses vœux appellent depuis si long-tems au trône de ses ancêtres... Les efforts, les travaux de mes amis et les miens sont couronnés.

Riche de sa royale conquête, fière de ne la devoir qu'à ses propres efforts, il manquait à la cité Bordelaise, A LA VILLE DU 12 MARS, de lier les succès de son royalisme aux nouvelles destinées de la France et de l'Europe, par l'efficacité de sa détermination héroïque, sur le vœu national en faveur des Bourbons.

Entraîner ce vœu par son exemple; le faire accepter aux souverains alliés pour la consolidation de la paix générale, comme une garantie supérieure aux stipulations éventuelles du congrès de Châtillon-sur-Seine ; attacher ainsi pour jamais à la journée du DOUZE, le triomphe de la légitimité sur l'usurpation : telle était la tâche immense que Bordeaux s'était imposée en recevant un Bourbon dans ses murs. Royaliser la France entière, ou périr seule au milieu de la France sous les coups de Buonaparte, et payer de la ruine entière de ses citoyens l'élan de leur audacieuse fidélité : telle était la grave alternative, dans laquelle la Providence balançait alors les destins de sa nombreuse population. Sous ce rapport trop peu remarqué jusqu'ici, mais dont la vérité jaillit de toutes parts, on voit combien s'agrandit et se développe aux yeux de l'histoire, le tableau des événemens que nous venons de décrire ; et s'il est vrai, que dans ceux dont se charge la mémoire des peuples, l'intérêt qu'on y attache est toujours en raison de l'importance de leurs résultats, on ne peut douter du rang distingué qu'occupera, dans nos annales, la révolution Bordelaise, puisqu'elle a fait tomber, par son influence, les obstacles presque invincibles qui s'opposaient au rétablissement de la royauté légitime. Ces obstacles n'étaient pas, comme pourraient le penser des hommes superficiels, dans la résistance positive de l'opinion, soit du côté de l'armée, soit du côté des citoyens, au retour des Bourbons. Dans l'armée il y avait lassitude ; dans les cités, indifférence ; dans les campagnes, horreur pour le joug et même pour la personne de Buonaparte. La France était moralement *dénapoléonisée*, si l'on peut s'exprimer ainsi, et silencieusement *bourbonisée*. Dans Buonaparte le héros était vaincu, le maître avili, l'usurpateur signalé, et l'homme reconnu. Républicains et royalistes, froissés par son ambition, ruinés ou prêts à l'être par ses tristes folies politiques et militaires, ne voyaient plus que la patrie en péril et le trône vacant. Les royalistes y appelaient un Bourbon par leurs vœux, les républicains étaient décidés à l'y souffrir pour leurs intérêts. C'était encore moins dans les conseils des puissances, dont chaque potentat était favorablement disposé pour nos princes, qu'existaient les grands obstacles au rétablissement de la dynastie légitime; mais dans la seule force des choses, et dans l'impossibilité, au moins morale, de faire triompher ses droits, si le vœu général des Français n'avait pas été pour eux : or, ce vœu, quoique réel, ne pouvait être connu des étrangers. Comment, en effet, découvrir une France royaliste, sous les croûtes épaisses d'une France tour-à-tour républicaine, directoriale, consulaire, impériale, toujours révolutionnaire et révolutionnée pendant trente ans, et à travers tant d'intérêts nouveaux créés et consolidés par tous les gouvernemens intercalaires.

(54)

Ces considérations mettaient un poids immense dans la balance en faveur de Buonaparte, armé d'ailleurs du grand avantage de la possession actuelle. Elles agissaient avec force au congrès de Châtillon, où la France n'a peut-être échappé au malheur d'une paix illégitime, que par les prodiges d'entêtemens, d'extravagances dont Buonaparte lui-même avait embarrassé les négociations.

S'il pouvait rester sur cela quelques doutes, ils ne sauraient tenir devant les aveux remarquables, faits à la chambre haute en plein parlement d'Angleterre, par lord Liverpool, au nom de son gouvernement. Dans la fameuse séance du 23 mai 1815, où s'agita la question de la paix ou de la guerre avec la France, momentanément au pouvoir de Buonaparte.

« On pourrait, dit le ministre anglais, qui concluait à la guerre, on pourrait cependant faire l'objection suivante : » Le gouvernement Britannique, les alliés en général *n'étaient-ils pas prêts à faire la paix avec le dominateur actuel de la France, au mois de mars* 1814, *à Châtillon?* Eh bien ! pourquoi ne pas faire aujourd'hui la paix avec lui ?

« J'observerai, en réponse à cette objection, continue le noble lord, que, lors des négociations de Châtillon, non-seulement *Buonaparte était en possession incontestée du gouvernement de France*, mais même que, *jusqu'aux événemens qui eurent lieu à Bordeaux, il n'y avait aucune apparence d'opposition à son pouvoir.* Je dois ajouter aussi que les alliés, bien loin de rejeter la chose, portèrent au contraire toute leur attention sur le défaut de sûreté dans la paix qui serait faite avec cet homme. Mon noble ami (*), qui représentait alors les intérêts de ce pays-ci, *avait reçu des instructions éventuelles qui l'autorisaient à varier sa marche, s'il survenait quelque événement qui pût rendre la chose convenable* ; mais, je le répète encore une fois, *jusqu'à la révolution de Bordeaux, il ne se manifesta aucune disposition hostile envers Buonaparte.* La question de la paix *par rapport à*

(*) Lord Castelreagh.

lui resta conséquemment alors comme vis-à-vis d'un homme qui avait *la possession absolue et non disputée du pays*; mais *aujourd'hui* il en est autrement, car il y a toute raison de croire que *les sentimens du gros de la nation française sont contre lui.*

« Quoique ce que j'ai énoncé fût un motif suffisant pour faire la paix à Châtillon, cependant si la question n'avait posé que sur ce seul fondement, j'aurais, pour ma part, été disposé à courir encore les chances de la guerre. Il y avait néanmoins d'autres considérations de prudence et de politique, qui ne pouvaient pas manquer d'avoir en ce temps-là, un grand poids auprès des alliés; car quoiqu'ils eussent achevé les exploits les plus brillans, et quoiqu'ils eussent pénétré jusque dans le cœur de la France, cependant ils ne pouvaient pas se dissimuler que les principales places fortes de l'Europe occidentale étaient alors au pouvoir de Buonaparte. Il était maître de Turin, d'Alexandrie et de Milan au midi, de Mayence et de Luxembourg sur la frontière de l'Allemagne, et d'Anvers, Berg-op-zoom, Hambourg, Wirtemberg, Torgau, etc. Dans le fait, il n'existait pas alors une seule des places fortes de l'Ouest de l'Europe qui ne fût en sa possession. Il existait incontestablement alors un sentiment général très-louable, et qui souvent était une passion exaltée, contre toute idée de traiter avec lui ; mais des hommes d'état étaient obligés d'envisager la question d'une manière plus froide, et ils ne pouvaient s'empêcher de réfléchir que, s'il était alors arrivé quelque grand malheur aux alliés, la possession de ces mêmes places fortes l'aurait rendu l'arbitre de presque tout l'Ouest de l'Europe. Tout malheur qui aurait pu arriver aux alliés, non-seulement les aurait contraints de se retirer de France dans des circonstances extrêmement défavorables, mais même les aurait obligés de recevoir la paix de ses mains, aux conditions qu'il aurait voulu. Ce fut une considération d'un grand poids pour les alliés ; et lorsqu'ils offrirent la paix à Châtillon, ce fut sur les principes qu'ils ne pensaient pas que le danger plus grand qui existait alors, dût être sacrifié au danger éventuel plus petit qui pouvait résulter de la paix avec leur ennemi. Une paix, quelque peu sûre qu'elle fût, était à préférer alors, si l'on pouvait ainsi lui ôter des mains les places fortes qu'il tenait. »

Il reste donc bien établi par les documens officiels les plus authentiques, que l'Europe se trouvait en position politique de traiter avec Buonaparte, jusqu'au moment où *les événemens de Bordeaux* firent éclater le premier acte *d'opposition à son pouvoir*. A ce signal, la coalition des souverains rompit avec l'usurpation et favorisa noblement le retour de la légitimité. Cette vérité historique, proclamée au nom de l'Europe entière, dans le parlement d'Angleterre, par l'organe de son gouvernement, met le sceau à la gloire des royalistes Bordelais, et désigne leur ville à la postérité, comme le second berceau de la monarchie des Bourbons.

Lorsque douze mois à peine écoulés depuis

la glorieuse journée du 12 mars 1814, le retour de Buonaparte vint en compromettre les résultats, la cité Bordelaise se montra dans cette fatale crise digne tout à la fois d'elle-même et de l'auguste Princesse que la Providence semblait alors n'avoir appelée dans ses murs, que pour lui ménager, dans l'épreuve d'un nouvel exil, des consolations plus abondantes, par le souvenir du dévoûment général dont elle fut l'objet et le témoin jusqu'au moment de son départ.

L'histoire n'oubliera pas cette scène pénible et touchante tout à la fois, où MADAME, après avoir acquis la triste certitude de la défection des troupes de ligne, qu'elle venait de haranguer inutilement dans leurs quartiers, parut à la porte des Salinières, sur le front de la garde nationale, autour de laquelle se pressait toute la population, animée pour la princesse des mêmes sentimens de zèle et de fidélité. «Pour couronner votre dévouement à la cause de votre roi, je viens, s'écria

Madame, vous demander un dernier sacrifice : Promettez-moi de m'obéir dans tout ce que je vous commanderai. — Nous le jurons ! — Eh bien ! continua la Princesse, d'après ce que je viens de voir, on ne peut pas compter sur le secours de la garnison : il est inutile de chercher à se défendre. Vous avez assez fait pour l'honneur, conservez au roi des sujets fidèles pour un temps plus heureux. Je prends tout sur moi ; je vous ordonne de ne plus combattre. — Non, non, relevez nous de notre serment, nous voulons mourir pour le roi, nous voulons mourir pour vous » ! — On se presse autour de sa voiture, on saisit la main de Madame, on la baise, on l'inonde de larmes, on demande pour toute grâce, qu'il soit permis aux braves Bordelais de répandre leur sang. L'enthousiasme est porté jusqu'au délire, toute la ville le partage et mêle ses cris de *vive le roi*, à ceux de la garde nationale. Bientôt une fusillade s'engage dans les rues ; on voit passer des blessés. Des régimens en insurrection quittaient leurs casernes; une par-

ie s'était rangée sur la place de la comédie et
enait des propos si affreux, que les généraux
et plusieurs officiers vinrent supplier MA-
DAME, de partir de Bordeaux. Il ne se passait
pas une minute sans qu'on vît arriver des mes-
sagers expédiés de toutes parts, pour supplier
la princesse avec instance de penser à sa sûreté.
Rien ne pouvait la décider à abandonner cette
malheureuse ville ; elle ne pouvait soutenir la
pensée du sort affreux qui était réservé à ses habitans après son départ ; elle en était accablée
de douleur, lorsqu'on vint l'avertir que, si elle
prolongeait son séjour, loin d'être utile à Bordeaux, elle serait cause que le général Clauzel,
traiterait la ville bien plus mal. Alors, ce qu'on
n'aurait pu gagner sur elle en ne lui parlant que
des dangers qu'elle courait et de sa liberté personnelle, elle céda aussitôt qu'il fut question du
salut de la ville et de ses habitans. Qui pourrait
peindre le désespoir de ceux d'entre eux qui
l'avaient accompagnée jusqu'à Paulliac, à dix lieues
de Bordeaux, à l'instant où elle monta à bord

du Sloop de guerre le Wanderer, qui devait la conduire en Espagne ! il fallut enfin se séparer d'elle. Des pleurs, des cris partaient du rivage, et d'une foule de petites chaloupes qui environnaient le navire. Tous voulaient la voir encore une fois. Elle parut sur le pont. — Une acclamation générale se fit entendre, chacun, pour adoucir ses regrets, voulait avoir au moins quelque chose qui lui eût appartenu ; quelques-uns de ses rubans furent partagés ; mais comme il n'y en avait pas encore assez, elle détacha les plumes blanches qui étaient sur son chapeau et les leur distribua. — Avec quel transport de reconnaissance ils reçurent ce don ! et quel espoir consolant ils emportèrent, en pensant que ce panache les rallierait tous encore au chemin de l'honneur.

Pour le parcourir de nouveau à travers les dangers de la guerre sous les ordres d'un Bourbon, plus de deux mille Bordelais franchissent les Pyrénées, et vont former en Espagne, avec d'autres Français fidèles, la légion de Marie Thérèse. Sans la rapidité des événemens militaires qui ensevelirent la gloire et la puissance de Buonaparte, dans les champs de Waterloo, on eût vu ces braves marcher par ces mêmes routes jadis honorées par les premiers pas d'Henri IV, et venir comme lui reconquérir son héritage sur les ennemis de son sang.

De quelques impressions diverses que la marche intérieure du gouvernement, depuis 1816, ait pu frapper les esprits dans le département de la Gironde, les cœurs y sont toujours restés les mêmes. Là, comme dans les autres parties de la France les plus distinguées par leur royalisme, le malaise des opinions n'a point altéré la constance des sentimens. Et si, ce qu'à Dieu ne plaise, de nouveaux dangers menaçaient le trône, le sol de la Guienne et tout le midi se couvriraient encore de défenseurs armés pour le défendre.

CONCLUSION.

Quand on aura lu cette seconde édition de mon ouvrage, on ne pourra se méprendre sur les motifs qui m'ont déterminé à la publier. Ne pouvant pas plus séparer dans les calculs de ma raison et de mon expérience, que dans les affections de mon cœur, l'intérêt de ma patrie, de celui de mon Roi, j'ai cru servir de nouveau l'un et l'autre, en écartant par l'évidence d'un fait utile et glorieux, ainsi que par le développement des causes qui l'ont amené, des préjugés injurieux à la France et funestes à son repos. J'entends par là, ces insinuations d'abord timides, ensuite de jour en jour plus audacieuses, que répandent des hommes trompés ou perfides, sur l'inconstance et la prétendue faiblesse du royalisme en France, soit avant, soit depuis la restauration de 1814. Pour les observateurs frivoles, dont l'œil n'aurait, pour ainsi dire, rasé que les surfaces, nul doute que la France, successivement courbée sous le poids de la tyrannie conventionnelle, de la bascule directoriale, et de la verge de fer de Buonaparte, ne se présente comme un peuple étranger à l'amour de ses rois, et peu soucieux de leur retour. Mais, pour quiconque aura pris la peine de creuser plus avant et de percer ces diverses couches révolutionnaires, la consistance et la perpétuité du royalisme, comme OPINION et PARTI POLITIQUE, cesseront d'être l'objet d'un doute sérieux. D'abord, à aucune époque, depuis 1789 jusqu'à ce jour, cette opinion et ce parti n'ont manqué ni d'organes pour proclamer leurs vœux, ni de tentatives pour les réaliser. Rien ne le prouve mieux que les nombreux écrits que chaque année voyait éclore contre les principes et les intérêts de la révolution; et les nombreuses victimes que la police leur immolait dans les prisons, les échafauds et les rigueurs de l'exil.

« Mais, dira-t-on, ces opinions, ces écrits étaient-ils véritablement l'expression du vœu collectif d'une grande confédération d'amis du trône? Ces persécutions frappaient-elles sur des réalités politiques, ou bien sur ces complots factices, sur ces conspirations chimériques, dont les jacobins et leurs successeurs ne manquaient jamais d'évoquer le fantôme selon le besoin de leur vengeance, pour servir de prétexte à leur tyrannie? »

Pour les temps antérieurs à Buonaparte, Jalès, Lyon, Nismes, Montpellier, la Lozère, l'Aveyron, Orange, Toulon, la Bretagne, la Normandie, la Vendée, et Bordeaux lui-même, répondent assez hautement à cette objection, et montrent, non des individus épars, mais des cités entières, des populations nombreuses, de grandes provinces opposant le drapeau des lis aux enseignes de la révolte, et soutenant avec héroïsme la cause des Bourbons contre leurs ennemis.

Toutefois, il faut en convenir : depuis la dernière pacification des Chouans, en 1801, depuis que par les mains de la victoire et de la force, Buonaparte eut imposé son joug à la France, il était devenu difficile, non-seulement de découvrir, mais de soupçonner même la permanence du *Royalisme Bourbonien* sous les chaînes de *l'empire*. Comment, en effet, lorsque l'assassinat dans les cachots, la fusillade, les oubliettes de Vincennes, faisaient sur-le-champ justice de quiconque aurait exhalé un sentiment généreux, un simple soupir vers le retour de nos princes légitimes ; comment, dis-je, concevoir la possibilité d'une vaste organisation suspendue et non détruite, et qui n'avait point brisé les armes, que la force majeure des événemens l'avait obligée de poser pendant plusieurs années ? Le problème était réel ; il paraissait insoluble, aux yeux mêmes de la raison : la fidélité Bordelaise l'a résolu, et la journée du 12 mars en a porté la démonstration jusqu'au dernier degré de l'évidence historique. Alors ont éclaté les saintes conjurations de la fidélité, opiniâtrément ourdies depuis vingt ans dans les mystères de l'*Institut Royaliste* ; alors, de dessous ce même sol que fatiguait la présence des gouvernemens illégitimes, s'est élancée, pour ainsi dire, à l'instant marqué par la Providence, cette généreuse et vieille France de Saint-Louis, dont les vœux long-temps comprimés n'avaient fait que redoubler l'énergie et purifier l'amour pour ses rois.

Mais qu'on ne s'y trompe pas : cette brillante et salutaire explosion de royalisme dont s'énorgueillit la Guienne, eût également honoré tout autre pays de France, où des circonstances semblables à celles dont je me féliciterai éternellement d'avoir provoqué le concours et préparé le succès, auraient permis aux mêmes dispositions politiques de se faire jour. Ce que Bordeaux a fait, Marseille, Toulon, Nantes, Perpignan, Lyon, Orléans, Toulouse, et vingt autres villes, l'auraient exécuté, parce que, dans le Midi, comme dans l'Est, sur les bords du Rhône, comme aux rivages de la Loire, existaient, ainsi qu'à Bordeaux, les élémens complets des anciennes organisations secrètes; en sorte que, sur quelque point qu'eût frappé le trident, il en serait sorti des légions royalistes, pour ouvrir les portes du royaume au souverain légitime.

C'est cette vérité, trop oubliée aujourd'hui, et pourtant aujourd'hui si essentielle à rappeler, que j'ai voulu rétablir, aux yeux des étrangers, intéressés plus que jamais à ne pas se méprendre sur notre situation intérieure. Pour dire ce que j'ai fait, ce que j'ai vu, je n'ai eu qu'à raconter des événemens dont la France elle-même fut le témoin, et dont les résultats l'ont rendue aux destinées de la monarchie. En mettant à nu les causes secrètes qui ont réalisé ce prodige, j'ai détruit, par l'évidence d'un seul fait, des préjugés défavorables à ma patrie, et fixé honorablement pour elle, l'opinion de l'Europe, sur les dispositions générales dont elle fut constamment animée pour le rétablissement des Bourbons, et sur les ressources qu'elle serait toujours prête à développer, dans les dangers qui menaceraient leur trône.

PIÈCES JUSTIFICATIVES.

LETTRE

De M. le comte de Blacas,

A Monsieur Sébastien Rollac, Wells-street,

Oxford-street,

London.

Hartwell, 8 avril 1814.

J'ai reçu, Monsieur, votre lettre du 2 avril. Le Roi n'oubliera point le zèle avec lequel vous avez servi sa cause.

Recevez, Monsieur, l'assurance de tous mes sentimens et la parfaite considération avec laquelle j'ai l'honneur d'être,

Votre très-humble et très-obéissant serviteur,

Signé, BLACAS D'AULPS.

PREMIERE ATTESTATION

Donnée, par Son Excellence M. le comte de La Châtre, à M. J. S. Rollac.

J'atteste que monsieur Jacques-Sébastien Rollac, négociant de Bordeaux, a été employé par le Roi, depuis l'année 1810, aux correspondances royalistes; que c'est par lui et par ses *conseils* que l'on a utilisé les personnes attachées à la cause de leur souverain légitime, dans les départemens de la Gironde; qu'il a entretenu correspondance avec les chefs du parti, et particulièrement avec M. Taffard de Saint-Germain, qu'il a indiqué à Sa Majesté comme propre à conduire les affaires. Et je donne cette attestation avec d'autant plus d'assurance, que c'est moi qui ai toujours correspondu avec M. Rollac, ainsi que lui-même correspondait avec les royalistes de l'intérieur.

Signé, le comte DE LA CHATRE.

Londres, 1814.

ATTESTATION

Donnée, par M. le comte Alphonse de Durfort, à M. J. S. Rollac.

J'atteste que, vers le mois de mai 1810, M. Jacques-Sébastien Rollac m'ayant été recommandé particulièrement à Londres, la manière avantageuse dont j'avais entendu parler de son dévouement absolu à la cause royale depuis le commencement de la révolution, m'engagea à raisonner avec lui sur l'état et les dispositions de la ville de Bordeaux; et, d'après la clarté des détails qu'il me donna et la solidité des réflexions qu'il y ajouta, je crus de mon devoir de proposer à M. J^s. S.^{en} Rollac, de le présenter aux ministres de sa Majesté Louis XVIII. Avec son agrément, je parlai de lui à M. le duc d'Avaray, auquel je le présentai, et, après quelques entrevues entr'eux, j'appris que M. le duc d'Avaray avait écrit au Roi au sujet de M. Rollac. Bientôt après, M. le comte de Blacas vint à Londres, eut avec M. Rollac plusieurs entretiens, et me remercia beaucoup à ce sujet, lorsque nous nous vîmes ensuite à Wimbledon. Enfin, M. Rollac ayant reçu du Roi carte-blanche pour s'aboucher avec les ministres de sa Majesté britannique, je le présentai moi-même au très-honorable M. Arbuthnot, sous-secrétaire d'Etat de la trésorerie.

J'atteste de plus, qu'il est également vrai que ce fut M. J.‘ S. Rollac qui désigna au Roi MM. le marquis de Laroche-Jaquelein, Taffard de Saint-Germain, Julien Peffau de Latour, Georges Bontems-Dubarry, etc., tant pour la conduite des opérations de Bordeaux et de la Vendée, que pour la sûreté des missions et de la correspondance de Londres en France ; que M. J.‘ S.^{en} Rollac a été constamment intermédiaire entre ces messieurs et les ministres du Roi, MM. les comtes de Blacas et de la Châtre, et qu'enfin ce sont les combinaisons et les travaux constans de M. J.‘ S.^{en} Rollac, secondé par ses amis, qui ont amené la journée du 12 mars 1814, journée qui, en faisant proclamer le Roi à Bordeaux, a décidé l'élan de la France et la restitution du trône à son souverain légitime.

Signé, Le comte ALPHONSE DE DURFORT,
Lieutenant général.

Londres, le 2 mai 1814.

ATTESTATION

Donnée à M. J. S. Rollac, par M. le général Trant, officier anglais au service du Portugal.

Je certifie que, dans le mois de juillet 1813, me trouvant à Londres en congé d'absence, le comte Alphonse de Durfort me présenta M. Rollac, habitant de Bordeaux et qui se trouvait en liaison avec la famille royale des Bourbons, comme personne de confiance reconnue par le parti royaliste de Bordeaux, et avec l'objet d'opérer une révolution dans cette ville et les environs.

A mon retour en Portugal, et vu que l'armée alliée, sous les ordres du duc de Wellington, à cette époque, était sur le point de pénétrer en France par la partie méridionale, j'ai cru de mon devoir de faire mention de M. Rollac au maréchal lord Béresford; et sur sa réponse, je fus assuré que ma lettre à son sujet, ou plutôt le paragraphe qui le regardait, fut envoyé par le lord Béresford au duc de Wellington. Comme la démarche que j'avais prise était convenue avec M. Rollac, qui s'exprimait de la manière la plus enthousiaste pour le service de son Roi, je lui ai donné ce certificat en témoignage de sa loyauté.

Londres, 16 juillet 1815.

Signé, N. TRANT,
Officier anglais, employé comme brigadier général au service de Portugal.

DEUXIÈME ATTESTATION

Donnée par M. le comte de La Châtre, à M. J. S. Rollac.

J'ATTESTE que M. Jacques-Sébastien Rollac est arrivé en Angleterre en 1810; que depuis cette époque jusqu'à celle de la restauration du Roi sur son trône, en 1814, il n'a cessé d'être employé pour son service, successivement par MM. le duc d'Avaray, le comte de Blacas et moi; qu'il a remis, tant au gouvernement de sa Majesté britannique qu'aux ministres du Roi, des plans qui en ont été approuvés et qui ont formé la base des correspondances de ce pays-ci avec Bordeaux. J'atteste également avoir proposé, de la part de Sa Majesté, à M. Rollac, de se rendre à Bordeaux en 1812; mais, d'après les observations de celui-ci, il fut convenu avec lui qu'il y enverrait des personnes de son choix, lesquelles ont parfaitement justifié la confiance que l'on avait en M. Rollac. Je déclare que son entremise a influé sur la détermination prise par le Roi d'envoyer S. A. R. Monseigneur le

Duc d'Angoulême à l'armée de lord Wellington, et que le résultat de cinq ans de peines et de travail entre tous les braves royalistes qui se trouvaient dans le secret à Bordeaux, a fini par y faire éclater le mouvement à jamais mémorable de la journée du 12 mars 1814, dans laquelle le Roi fut proclamé.

Je dois ajouter que, pendant la dernière crise, M. Rollac s'est empressé de me proposer de nouveau ses services ; je lui dois la justice d'affirmer que, depuis le commencement de la révolution, il n'a cessé de professer les principes du plus pur royalisme; qu'il en a donné des preuves dans toutes les occasions aux dépens de la sûreté de sa personne et de celle de sa famille ; que la perte de sa fortune s'en est suivie, et que les malheureuses circonstances qui ont accompagné de si près la restauration du Roi, ont pu seules empêcher qu'il ait reçu la récompense due à un si noble dévouement.

Signé, le comte DE LA CHATRE,

Ambassadeur de S. M. T. C. près le cabinet de St. James.

Londres, 21 août 1815.

CERTIFICAT

de Son Exc. M. le comte de La Châtre, à M. J. Peffau de Latour.

Je certifie que le Roi, mon auguste souverain, m'a fait donner (en l'année 1813) ses ordres par M. le comte de Blacas, pour envoyer en France M. Julien Peffau de Latour.

J'ai été autorisé en même temps à lui promettre le grade de colonel, à lui donner sa direction sur Bordeaux, avec permission de s'y présenter en qualité de colonel, et de premier envoyé de Sa Majesté auprès des commissaires des royalistes de cette ville et du département.

Fait à Londres, le 24 août 1814.

Signé le comte DE LA CHATRE,

Ambassadeur de Sa Majesté Très-Chrétienne, auprès de Sa Majesté Britannique.

ATTESTATION

Du lord Dalhousie à M. Georges Bontems-Dubarry.

J'ATTESTE avec plaisir, sur la demande qui m'a été faite de la part de M. de Bontems-Dubarry, chef d'escadron, actuellement à Paris, que, depuis sa mission auprès de Son Altesse Royale Monseigneur le duc d'Angoulême à Saint-Sever, et sa négociation auprès de Son Excellence M. le duc de Wellington, qui fut suivie de l'envoi d'une partie des troupes anglaises à Bordeaux, dont je commandais l'arrière-garde, j'ai toujours voulu, depuis mon commandement en chef des troupes à Bordeaux, ainsi que Monseigneur le duc d'Angoulême, que M. Bontems-Dubarry se joignît à l'état-major, dans les mouvemens qui devinrent nécessaires pour débloquer les ports de Brane et de Saint-André-de-Cubsac. J'ajoute que, soit par ce que j'ai vu de lui, ou par ce que j'ai lu de lui, dans sa correspondance, à raison de ces deux mouvemens, j'ai jugé de ses moyens, de son intelligence et particulièrement de son courage, par sa conduite dans l'affaire qui eut lieu à Saint-Germain, près de Cubsac. Je lui renouvelle, avec satisfaction, les sentimens de mon estime très-particulière.

A Bordeaux, le 14 juillet 1814.

Signé DALHOUSIE, lieutenant-général.

LETTRE

De son A. R. Monseigneur le duc d'Angoulême, portant l'établissement de la décoration du brassard.

M. TAFFARD DE SAINT-GERMAIN, le Roi voulant donner à la garde royale, formée par vos soins, un témoignage authentique de la satisfaction qu'il éprouve de son dévouement à sa personne et à sa cause, ainsi que du courage qu'elle a manifesté dans une circonstance qui honore les Bordelais et intéresse la France entière, Sa Majesté lui a accordé la décoration d'un brassard blanc au bras gauche, portant cette inscription: BORDEAUX, 12 MARS 1814. Cette grâce comprend tous ceux qui étaient inscrits sur les listes à ladite époque, ou qui ont continué à y faire le service avec un zèle, qui ne s'est jamais démenti. Il m'est agréable de vous charger de cette distribution, qui commencera par vous-même : vous dresserez un état double de tous ceux qui composaient cette garde au 12 mars; vous m'en ferez passer une expédition, et vous en déposerez un double aux archives de l'Hôtel-de-Ville, pour y avoir recours au besoin (1).

Votre affectionné.

Signé, LOUIS-ANTOINE.

---

(3) Cet état, qui constate l'organisation, faite par M. Taffard, pour opérer le mouvement de Bordeaux, ayant été déposé suivant l'ordre de S. A. R., j'ai cru inutile à l'authenticité de ce fait, de l'imprimer ici.

LETTRE *particulière de M. Taffard de Saint-Germain, à M. J. S. Rollac.*

Bordeaux, 17 juillet 1814.

M. ROLLAC,

Je suis sûr de remplir les intentions de Sa Majesté Louis XVIII, en vous envoyant le brevet de la décoration dont il a daigné honorer la garde royale de Bordeaux. Les services que vous lui avez rendus sont d'une assez haute importance, pour vous mériter une place distinguée parmi les braves du 12 mars. *C'est à vous que nous devons le bonheur de posséder cette famille auguste, que nos vœux appelaient constamment, puisque, le premier, par vos soins et par l'activité de vos démarches, vous avez préparé les moyens d'obtenir l'heureux résultat de cette mémorable journée.* Cet hommage, que nous vous devons, et que je m'empresse de vous rendre, est aussi sincère qu'il est juste.

J'ai l'honneur d'être, avec une considération distinguée,

Votre très-humble serviteur,

L'agent du Roi, en Guienne,

Signé, TAFFARD DE SAINT-GERMAIN.

BREVET

DU CORPS DE LA GARDE ROYALE DE BORDEAUX,

Envoyé à M. J. S. Rollac, par M. Taffard de Saint-Germain.

M. Rollac,

Les soins que vous vous êtes donnés à Londres, auprès de Sa Majesté Louis XVIII et Sa Majesté Britannique, pour préparer les événemens mémorables de la journée du 12 mars 1814, et en assurer le succès, ont déterminé le corps de la garde royale, formé par mes soins, *et en vertu des pouvoirs du Roi, que vous m'avez fait transmettre*, à vous admettre dans son sein. En conséquence, il a été décidé que, malgré votre absence, vous seriez compris dans les états, comme capitaine adjoint à l'Etat-Major. Vous pouvez donc désormais, en vertu de la présente commission prendre ce titre, et en faire les fonctions, toutes les fois que le cas l'exigera.

Je profite de cette occasion pour vous exprimer la reconnaissance du corps que j'ai l'honneur de commander.

J'ai l'honneur d'être,

    Monsieur,

        Votre très-humble serviteur.

Signé Taffard de Saint-Germain.

Bordeaux, le 2 août 1814.

TROISIÈME ATTESTATION

de M. le duc de La Châtre.

J'atteste l'importance du travail de M. Rollac, la constance du zèle le plus éclairé, le succès de ses correspondances, la bonté du choix qu'il a été autorisé de faire de ses collaborateurs, toutes choses qui ont contribué puissamment, et ont même déterminé le superbe mouvement royaliste de la ville de Bordeaux, en 1814.

Paris, 21 août 1819.

Signé LE DUC DE LA CHATRE,

Premier gentilhomme de la chambre du Roi.

LETTRES

de M. le Comte de Blacas à M. J. Rollac à Londres.

I.ere

Hartwell, 15 août 1810.

« J'ai reçu, Monsieur, vos deux lettres, et je ne tarderai pas à vous voir ou à vous écrire sur leur objet, pour vous faire connaître les démarches qui peuvent et doivent être faites ultérieurement. Recevez, je vous prie, une nouvelle assurance de l'estime et des sentimens avec lesquels j'ai l'honneur d'être, Monsieur, votre très-humble et très-obéissant serviteur,

B. D'A. »

II.e

Hartwell, 3 septembre 1810.

« A mon retour ici, Monsieur, après une absence de quelques jours, j'ai trouvé la lettre que vous avez bien voulu m'écrire le 31 août. Je regrette extrêmement les retards qu'éprouve une réponse que vous devriez avoir depuis long-temps. Je compte aller à Londres, vers le 15 de ce mois, et je m'en occuperai certainement avec tout l'intérêt que je prends à la réussite de *votre affaire.* Si cependant vous désirez ne pas attendre cette époque, remettez le billet que je joins ici; la personne à laquelle je l'adresse (*M. le comte de La Châtre*) en sera prévenue. Vous la trouverez seule tous les jours à dix heures du matin; vous pouvez lui parler avec une entière confiance, votre secret sera gardé, et vous ne tarderez vraisemblablement pas à avoir une solution quelconque. Je ne vous désignerai que sous le nom de M. Sébastien, et vous ferez ensuite *ce que vous jugerez à propos*. Recevez, Monsieur, une nouvelle assurance de l'estime et de l'attachement, avec lesquels j'ai l'honneur d'être votre très-humble et très-obéissant serviteur,

B. D'A. »

III.e

Hartwell, 26 juillet 1813.

« J'ai reçu, Monsieur, votre lettre d'hier, *et je ne vois pas d'inconvénient* à ce que vous transmettiez le billet que je vous renvoie. Il est certain que deux ou trois personnes expédiées *ad hoc* par le comité central, ne peuvent qu'inspirer beaucoup plus de confiance dans les moyens et dans les plans qu'il proposera. Je n'ai encore reçu aucune nouvelle de la personne de confiance qui est partie pour Bordeaux (*M. Perrin*); mais je pense qu'elle ne tardera pas à y arriver. Soyez bien certain, Monsieur, du parfait attachement avec lequel je suis votre très-humble et très-obéissant serviteur.

BLACAS D'AULPS. »

FIN.

ADRESSE

Des Volontaires royaux à cheval de la ville de Bordeaux.

« Sire,

« Vos volontaires Bordelais du 12 mars, honorés par Votre Majesté des marques éclatantes de sa satisfaction et de sa bonté spéciale, nous ont envoyé porter à vos pieds le tribut de respect et d'amour, l'hommage de leur dévouement sans réserve, et de leur éternelle reconnaissance.

« Lorsqu'à l'époque mémorable inscrite sur ce brassard, monseigneur le duc d'Angoulême, avec l'intrépidité d'un Bourbon, est venu presque seul frapper à nos portes, répondre à nos cœurs, nous annoncer, en votre nom, et transmettre déjà lui-même l'œuvre de votre restauration et de notre délivrance, vos volontaires Bordelais, Sire, se sont réunis sans se compter. Ils ont volé au-devant de l'aimable et auguste précurseur du Roi qu'ils appelaient, vous le savez, depuis si long-tems : ils l'ont escorté dans leurs murs, ils l'ont environné dans son palais; ils l'eussent suivi au bout de l'univers. Dieu merci, il y avait encore pour nous des dangers à courir. Pendant un mois, Sire, nous avons frémi d'une sainte allégresse, en pensant que nous vous prouvions notre fidélité au péril de nos biens et de nos têtes. Nos femmes et nos enfans s'étaient dévoués, ainsi que leurs époux et leurs pères. Chaque jour, chaque moment grossissaient nos phalanges : tous les fidèles de l'Aquitaine accouraient dans Bordeaux. Avec la même alacrité, celui dont le sort avait épargné la fortune, la consacrait toute entière à votre service; celui à qui il ne restait plus qu'une pièce de son champ, la vendait pour acheter un uniforme, des armes, un cheval, et venir se ranger parmi vos volontaires royaux.

« Sire, en vous parlant ainsi, nous songeons bien moins à vous retracer comment nous vous avons servi, qu'à vous montrer comment vous étiez désiré, et combien vous êtes chéri.

« Notre récompense, il faut le dire, a égalé notre zèle ; elle a été dans le charme que nous goûtions à remplir le plus doux, comme le plus saint des devoirs; elle a été dans la certitude que les transports de notre amour arriveraient à notre Roi par l'organe du Prince, qui les sentait avec nous et les inspirait avec lui ; elle a été dans les proclamations des alliés, qui, sur leur route criaient aux sujets fidèles, mais incertains : *Imitez Bordeaux!* Elle est aujourd'hui dans la permission que vous nous donnez, Sire, de paraître devant vous, dans le bonheur de contempler ce visage royal et paternel, où respirent la sérénité de la vertu, les méditations de la sagesse et les inspirations de la bonté. Elle est enfin cette récompense dans la glorieuse distinction que Votre Majesté a daigné nous accorder, et dont, sous ses yeux, nous nous parons pour la première fois. Symbole inappréciable, Sire ; c'est l'ère de la France renaissante, c'est le chiffre de *Louis-le-Désiré*, c'est le ruban que nous envoya Madame, duchesse d'Angoulême, la nièce de votre sang et la fille de votre cœur, l'ange de la France, comme vous en êtes le père. Ah ! Sire, Votre Majesté concevra qu'une fois marqués de ce signe sacré, nous ne puissions plus le quitter un instant ; et, selon la nature des tems, cette marque resplendissante de notre amour et de votre bonté devra briller alternativement parmi nous, sur les bras qui vous servent et sur les cœurs qui vous aiment.

Réponse de Sa Majesté.

« Je reçois avec plaisir l'expression des sentimens
» que vous me manifestez au nom des corps des Vo-
» lontaires de Bordeaux. Je n'avais pas oublié l'accueil
» que je reçus dans votre ville, il y a trente sept-ans :
» j'oublierai encore moins que les premiers instans

» de bonheur que j'ai éprouvés après de longues pei-
» nes, c'est à votre ville que je les ai dus. J'ac-
» corde avec plaisir la demande que vous me fai-
» tes. » (1)

---

(1) MM. le chevalier de Gombault, le comte de Fages, Eugène de Saluces, le colonel Roger, G. Bontems-Dubarry, de Rasap, de Ville-Bois, de Canolle, de Brachet, Grifon et Thévenot-d'Aunet, furent les députés de leurs corps pour présenter cette adresse.

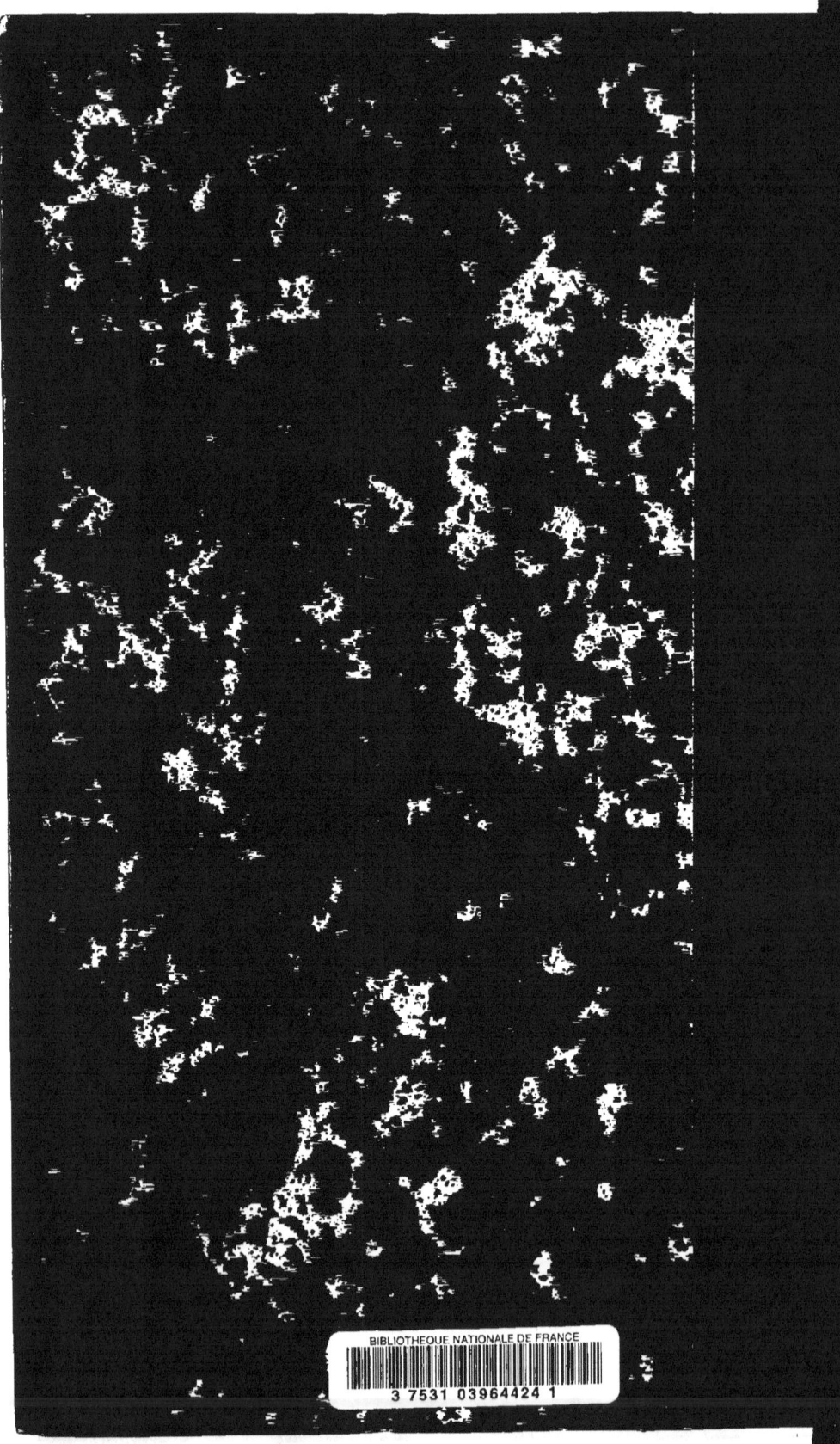

www.ingramcontent.com/pod-product-compliance
Lightning Source LLC
Chambersburg PA
CBHW070250100426
42743CB00011B/2217